마음속에
시 하나
싹텄습니다

마음속에 시 하나 싹텄습니다

지은이 나태주 지음, 소제 번역
펴낸이 임상진
펴낸곳 (주)넥서스

초판 1쇄 발행 2024년 11월 20일
초판 2쇄 발행 2024년 11월 25일

출판신고 1992년 4월 3일 제311-2002-2호
10880 경기도 파주시 지목로 5
Tel (02)330-5500 Fax (02)330-5555
ISBN 979-11-6683-949-8 03810

출판사의 허락 없이 내용의 일부를
인용하거나 발췌하는 것을 금합니다.
저자와의 협의에 따라서 인지는 붙이지 않습니다.

가격은 뒤표지에 있습니다.
잘못 만들어진 책은 구입처에서 바꾸어 드립니다.

www.nexusbook.com

영어로 다시 피어나는
나태주 명시 필사집

마음속에
시 하나
싹텄습니다

나태주 지음 | **소제** 번역

넥서스

| 머리말 |

시인은 어차피 조금은 비정상적인 사람입니다. 보통 사람들보다도 먼저 울고 먼저 울음을 그치며, 심지어 울지 못할 것에도 울고 울어야 할 것을 울지 않기도 합니다. 별난 사람이지요. 하지만 그 별남은 보통 사람들과 전혀 동떨어져 있지 않습니다. 보통 사람들이 짐짓 잊고 있거나 눈감은 것을 보거나 느끼는 사람이기 때문입니다. 그러므로 대신 울어주는 사람이 시인이고, 대신 느껴주고 대신 들어주고 대신 아파해주는 사람이 시인이지요.

'영어로 번역된 필사 시집'. 전혀 뜻밖의 책입니다. 그냥 영어 번역 시집도 아니고 '필사'가 더해진 시집입니다. 시인으로서는 이 또한 영광이고 고마움이고 감격입니다. 영어를 잘 모르는 사람으로, 편집된 시집을 한글로 읽어보니 짧고 간결하고 단순하면서도 애절한 느낌이 드는 시들을 참 잘 고르셨네요. 이심전심입니다.

시를 쓴 시인이 읽어도 애절한 느낌인데 그 애절한 느낌이 독자들에게도 전달되었으면 합니다. 더구나 영어 문장으로도 그 애절함이 굴절 없이 전달된다면 더욱 좋겠습니다. 감사합니다. 꾸벅, 인사를 드립니다.

2024년, 기적 같은 한 가을날
나태주 씁니다.

나태주 선생님의 시를 영어로 옮기면서 읽어주실 독자분들을 상상하며 작업에 임했습니다. 그래서 그런지 저 또한 이민자 아이로서 책을 통해 영어를 배웠던 기억, 그리고 대학생이 되어 다시 책을 통해 모국어와 재회했던 기억이 교차했고요.
마찬가지로 이 책이 언어 공부하는 독자님께 도움이 되길 바랍니다. 아직은 낯설겠지만, 영어가 사랑스러울 때까지 오래 읽어주세요.

2024년 10월 뉴욕에서
소제

| 목차 |

앉은뱅이꽃	Floret	12
안개	Mist	14
제비꽃	Violet	16
그리움 1	Longing 1	18
그리움 2	Longing 2	20
그리움 3	Longing 3	22
잠들기 전 기도	Prayer Before Slumber	24
서정시인	Lyric Poet	26
시인학교	School for Poets	28
고향	Hometown	30
풍경	Scenery	32
날마다 기도	Daily Prayer	34
눈 위에 쓴다	I Write on the Snow	36
사는 법	Way of Life	38
묘비명	Epitaph	40
풀꽃 1	Aster 1	42
풀꽃 2	Aster 2	44
풀꽃 3	Aster 3	46
산책	Promenade	48
여행 1	Travel 1	50
여행 2	Travel 2	52
이 가을에	This Autumn	54
오늘의 꽃	Flower of the Day	56
동백 1	Camellia 1	58
동백 3	Camellia 3	60

3월에 오는 눈	Snow in March	62
가을 감	Autumn Persimmon	64
딸에게	My Dear Daughter	66
행복	Happiness	68
안부	Regards	70
부탁	Plea	72
봄	Spring	74
집	Home	76
완성	Completion	78
12월	December	80
서양 붓꽃	Iris	82
꽃그늘	Flower Shade	84
섬	Island	86
눈사람	Snowman	88
이 봄날에	Spring Day	90
어버이날	Parents' Day	92
나의 시에게	To My Poem	94
내가 너를	I, You	96
내장산 단풍	Naejangsan Autumn Leaves	100
보고 싶다	I Miss You	104
기도	Prayer	108
안개가 짙은들	However Thick the Fog	112
쓸쓸한 여름	Lonesome Summer	116
통화	Phone Call	120
시 1	Poetry 1	124

시 2	Poetry 2	128
차가 식기 전에	Before the Tea Cools	132
그대 떠난 자리에	The Place You Left Behind	136
어린아이로	Like a Child	140
떠나와서	After Leaving	144
사랑은 혼자서	Love Alone	148
오늘도 이 자리	Today Again This Place	152
다리 위에서	On the Bridge	156
유리창	Glass Window	160
유월에	In June	164
하오의 한 시간	Afternoon Hour	168
바람에게 묻는다	I Ask the Wind	172
기쁨	Joy	176
촉	Tip	180
한밤중에	In the Middle of the Night	184
눈부신 세상	The Dazzling World	188
외롭다고 생각할 때일수록	The Lonelier You Feel	192
태백선	Taebaek Line	196
별리	Valediction	200
나의 사랑은 가짜였다	My Love Was False	204
가을, 마티재	Autumn, Mountain Pass	208
아내	Wife	212
꽃잎	Petals	216
선물 1	Gift 1	220
시간	Time	224

멀리서 빈다	From Afar	228
별 1	Star 1	232
개양귀비	Field Poppy	236
첫눈	First Snow	240
혼자 있는 날	Day Alone	244
멀리	Far	248
강아지풀에게 인사	Hello Green Foxtails	252
꽃잎	Petals	256
초라한 고백	Pitiful Confession	260
꽃 1	Flower 1	264
꽃 2	Flower 2	268
사랑이 올 때	When Love Arrives	272
맑은 날	Clear Sky	276
끝끝내	To the Very End	280
우리들의 푸른 지구 1	Our Green Planet 1	284
네 앞에서	Standing Before You	288
두 개의 지구	Two Earths	292
꽃필 날	Day of Bloom	296
봄비	Spring Rain	300
작은 마음	Humble Wish	304
여행길	Journey	308
먼 길	Far Away	312
허둥대는 마음	Flustered	316
여행자에게	Dear Traveler	320
어리신 어머니	My Mother Reborn	324

앉은뱅이꽃

발밑에 가여운 것
밟지 마라,
그 꽃 밟으면 귀양간단다
그 꽃 밟으면 죄받는단다.

•

Floret

Do not trample
that poor thing beneath your feet.
Stepping on that flower
leads to exile, leads to sin.

●어휘● **floret** 작은 꽃 | **trample** 짓밟다 | **step on** ~을 밟다 | **lead to** ~로 이어지다 | **exile** 추방

001

앉은뱅이꽃

안개

흐려진 얼굴
잊혀진 생각
그러나 가슴 아프다.

●·

Mist

A face blurred,
thoughts forgotten,
yet the heart aches.

●어휘● **blurred** 흐릿한 | **ache** 아프다

002

안개

제비꽃

그대 떠난 자리에
나 혼자 남아
쓸쓸한 날
제비꽃이 피었습니다
다른 날보다 더 예쁘게
피었습니다.

●

Violet

Where you left me
all by myself
on some lonesome day
a violet has bloomed.
More beautifully than any other day
a violet has bloomed.

●어휘● violet 제비꽃 | (all) by myself 혼자 | lonesome 외로운 | bloom 꽃이 피다

003

제비꽃

그리움 1

햇빛이 너무 좋아
혼자 왔다 혼자
돌아갑니다.

●

Longing 1

The sunlight is so lovely,
I came to visit alone
and went home alone.

●어휘● **longing** 갈망, 그리움 | **sunlight** 햇빛 | **alone** 혼자

004

그리움 1

그리움 2

가지 말라는데 가고 싶은 길이 있다
만나지 말자면서 만나고 싶은 사람이 있다
하지 말라면 더욱 해보고 싶은 일이 있다

그것이 인생이고 그리움
바로 너다.

●

Longing 2

There are paths you I want to take despite being told not to.
There are people you I want to meet after agreeing not to.
There are things I want to do more when told not to.

Such is life and longing
that is you.

●어휘● **path** 길 | **despite** ~에도 불구하고

005
・
그리움 2

그리움 3

더는 참을 수 없다
이제는 먹을 갈아야지.

●

Longing 3

I can't take it anymore.
It's time to grind the ink.

●어휘● **grind** 갈다

006

그리움 3

잠들기 전 기도

하나님
오늘도 하루
잘 살고 죽습니다
내일 아침 잊지 말고
깨워 주십시오.

●

Prayer Before Slumber

Lord,
thank you for another day
to live and pass.
Please do not forget
to wake me tomorrow.

●어휘● **slumber** 잠 | **pass** 죽다

007

잠들기 전 기도

서정시인

다른 아이들 모두 서커스 구경 갈 때
혼자 남아 집을 보는 아이처럼
모로 돌아서서 까치집을 바라보는
늙은 화가처럼
신도들한테 따돌림당한
시골 목사처럼.

●

Lyric Poet

Like a child left alone to watch the house
while all the other children go to the circus.
Like an old painter turning away
to gaze at a magpie's nest.
Like a village pastor shunned
by the congregation.

●어휘● lyric 서정적인 | gaze at ~을 바라보다 | magpie 까치 |
pastor 목사 | shunned 외면당한 | congregation (특정 교회의) 신자들

008

서정시인

시인학교

남의 외로움 사 줄 생각은 하지 않고
제 외로움만 사 달라 조른다
모두가 외로움의 보따리 장수.

●

School for Poets

Without considering the loneliness of others
we demand relief only for ourselves
as we peddle bundles of loneliness.

●어휘● **demand** 요구하다 | **relief** 안도 | **peddle** 팔러 다니다 | **bundle** 묶음

009

시인학교

고향

잎
진
감나무
가지에 달랑 남은
까치밥
하
나.

•

Hometown

A
soft
persimmon
left on a tree branch
with no other
leave-
s.

●어휘● **persimmon** 감 | **branch** 나뭇가지

010

고향

풍경

이 그림에서
당신을 빼낸다면
그것이 내 최악의 인생입니다.

●

Scenery

If I remove you
from this view
that would be my worst life.

●어휘● **scenery** 풍경 | **remove** 제거하다

011

풍경

날마다 기도

간구의 첫 번째 사람은 너이고
참회의 첫 번째 이름 또한 너이다.

●

Daily Prayer

The first person of my supplication is you.
The first name of my repentance, too, is you.

●어휘● **supplication** 간청 | **repentance** 참회

012

날마다 기도

눈 위에 쓴다

눈 위에 쓴다
사랑한다 너를
그래서 나 쉽게
지구라는 아름다운 별
떠나지 못한다.

●

I Write on the Snow

I write on the snow
I love you
and so I can't leave
this beautiful planet
called Earth just yet.

●어휘●　**planet** 행성　|　**Earth** 지구　|　***just yet*** 아직은

013

눈 위에 쓴다

사는 법

그리운 날은 그림을 그리고
쓸쓸한 날은 음악을 들었다

그러고도 남는 날은
너를 생각해야만 했다.

•

Way of Life

On days I longed for you, I drew.
On days I felt lonely, I listened to music.

On the still remaining days
I couldn't help but think of you.

●어휘● **long** 그리워하다 | **remaining** 남아 있는 | **cannot help but** ~하지 않을 수 없다

014

사는 법

묘비명

많이 보고 싶겠지만
조금만 참자.

●

Epitaph

I know you miss me dearly,
but please hold on a little longer.

●어휘● **epitaph** 묘비명 | **dearly** 몹시 | **hold on** 기다리다

015

묘비명

풀꽃 1

자세히 보아야
예쁘다

오래 보아야
사랑스럽다

너도 그렇다.

•

Aster 1

A close look
finds beauty.

A long look
finds love.

In you, too.

●어휘● **close** 자세한 | **beauty** 아름다움

016

풀꽃 1

풀꽃 2

이름을 알고 나면 이웃이 되고
색깔을 알고 나면 친구가 되고
모양까지 알고 나면 연인이 된다
아, 이것은 비밀.

●

Aster 2

A name learned makes neighbors.
A color learned makes friends.
A shape learned makes lovers.
O secret this.

●어휘● **neighbor** 이웃

017

풀꽃 2

풀꽃 3

기죽지 말고 살아봐
꽃 피워 봐
참 좋아.

●

Aster 3

Don't give up on yourself.
Let yourself bloom—
it's quite nice.

●어휘● **give up on** 희망, 기대 등을 저버리다 | **quite** 꽤, 상당히

018

풀꽃 3

산책

백합꽃 향기 너무 진하여 저녁때
대문이 절로 열렸네.

●

Promenade

The lilies were so fragrant in the eve,
the front door swung open by itself.

●어휘● **promenade** 산책 | **lily** 백합 | **fragrant** 향기로운 | **swing open** 활짝 열리다 | **by itself** 저절로

019

산책

여행 1

가방을 들고
차를 타고 가면서
집으로 돌아가고 싶어 하는 내가 있고

집에 돌아와
가방을 정리하면서
떠나온 곳으로 돌아가고 싶어 하는 내가 있다

어떤 것이 진짜 나인가?

•

Travel 1

Riding in a car
with my luggage
a part of me wants to go back home.

Emptying my luggage
upon returning home
another part of me wants to return to the place I left.

Which one is the real me?

●어휘● empty 비우다 | **luggage** 짐, 여행 가방

020

여행 1

여행 2

떠나 온 곳으로 다시는
돌아갈 수 없다는 걸 알기까지는
많은 시간이 필요했다.

•

Travel 2

It took me a long time
to realize I can never return
to a place I left behind.

●어휘● realize 깨닫다 | leave 떠나다

021
여행 2

이 가을에

아직도 너를
사랑해서 슬프다.

•

This Autumn

My continued love for you
fills me with sorrow.

●어휘● continued 지속적인 | sorrow 슬픔

022

이 가을에

오늘의 꽃

웃어도 예쁘고
웃지 않아도 예쁘고
눈을 감아도 예쁘다

오늘은 네가 꽃이다.

●

Flower of the Day

Pretty with a smile,
pretty without a smile,
pretty with eyes closed.

Today you are the flower.

●어휘● without ~없이

023
오늘의 꽃

동백 1

짧게 피었다 지기에
꽃이다

잠시 머물다 가기에
사랑이다

눈보라 먼지바람 속
피를 삼킨 통곡이여.

•

Camellia 1

What blooms briefly then withers
is a flower.

What stays temporarily then leaves
is love.

Amid blizzards and dust storms
there is a lament red with blood.

●어휘● **briefly** 잠시 | **wither** 시들다 | **temporarily** 잠깐 | **amid** ~속에서 | **blizzard** 눈보라 | **lament** 애통

024

동백 1

동백 3

봄이 오기도 전에
꽃이 피었다
너를 생각하는
나의 마음
눈 속에서도 붉은 심장을
내다 걸었다.

●

Camellia 3

Long before spring
the blooms have come.
My thoughts of you
have adorned
even the snow with
a red heart.

●어휘● **bloom** 개화 | **adorn** 장식하다

025

동백 3

3월에 오는 눈

눈이라도 3월에 오는 눈은
오면서 물이 되는 눈이다
어린 가지에
어린 뿌리에
눈물이 되어 젖는 눈이다
이제 늬들 차례야
잘 자라거라 잘 자라거라
물이 되며 속삭이는 눈이다.

●

Snow in March

Snow in March
falls as water,
falls as tears wetting
young branches and
young roots.
It's your turn now,
go on, grow forth,
whispers the snow
as it turns to water.

●어휘● **whisper** 속삭이다 | **turn to** ~로 변하다

026

3월에 오는 눈

가을 감

꽃 등
밝혔네

잎
버리고
비로소

가을
어머니.

•

Autumn Persimmon

Flower lanterns
illuminate.

Leaves
fall away
at last.

O autumn
mother.

●어휘● **persimmon** 감 | **illuminate** 밝히다 | **fall away** 떨어지다

027

가을 감

딸에게

내 사랑 내 딸이여 내 자랑 내 딸이여
오늘도 네가 있어 마음속 꽃밭이다
오! 네가 없었다 하면 어쨌을까 싶단다

술 취해 비틀비틀 거리를 거닐 때도
네 생각 떠올리면 정신이 번쩍 든다
고맙다 애비는 지연紙鳶, 너의 끈에 매달린.

●

My Dear Daughter

My love, my daughter, my pride, my daughter,
thanks to you, my heart remains a field of flowers.
Oh! I shudder to imagine life without you.

Even when I stagger drunkenly down the street,
thoughts of you bring me to my senses.
Thank you, for I am a kite tied to your string.

●어휘● **shudder** 몸서리치다 | **stagger** 비틀거리다 | **drunkenly** 술에 취한 듯이 | **bring someone to one's senses** 정신이 들게 하다 | **string** 끈

028

딸에게

행복

저녁 때
돌아갈 집이 있다는 것

힘들 때
마음속으로 생각할 사람 있다는 것

외로울 때
혼자서 부를 노래 있다는 것.

●

Happiness

Having a home to return to
in the evening.

Having someone to think of
when things get tough.

Having a song to sing alone
when loneliness strikes.

●어휘● **tough** 힘든, 어려운 | **loneliness** 외로움 | **strike** 밀려오다

029

행복

안부

오래
보고 싶었다

오래
만나지 못했다

잘 있노라니
그것만 고마웠다.

●

Regards

For so long
I've missed you.

For so long
we couldn't meet.

I'm just grateful
that you are well.

●어휘● **grateful** 감사하는

030

안부

부탁

너무 멀리까지는 가지 말아라
사랑아

모습 보이는 곳까지만
목소리 들리는 곳까지만 가거라

돌아오는 길 잊을까 걱정이다
사랑아.

●

Plea

Don't go too far,
my love.

Please only go where I can see you,
where I can still hear your voice.

I worry you might forget your way back,
my love.

●어휘● **plea** 부탁, 청원 | **forget** 잊다

031

부탁

봄

새들이 보고 있어요
우리 둘이 어깨 비비고
걸어가는 것

꽃들이 웃고 있어요
우리 둘이 눈으로 말하고
이야기하고 있는 것.

●

Spring

The birds are watching
as we walk
shoulder to shoulder.

The flowers are smiling
as we speak
with our eyes alone.

●어휘● **shoulder to shoulder** 어깨를 나란히 하고

032

봄

집

얼마나 떠나기 싫었던가!
얼마나 돌아오고 싶었던가!

낡은 옷과 낡은
신발이 기다리는 곳

여기,
바로 여기.

•

Home

O how I didn't want to leave!
O how I wanted to come back!

The place where old clothes
and old shoes await.

Here,
right here.

●어휘● **leave** 떠나다 | **await** 기다리다

033
·
집

완성

집에 밥이 있어도 나는
아내 없으면 밥을 먹지 않는 사람

내가 데려다주지 않으면 아내는
서울 딸네 집에도 가지 못하는 사람

우리는 이렇게 함께 살면서
반편이 인간으로 완성되고 말았다.

●

Completion

Even if there's food at home I
do not eat without my wife.

If I do not drive her my wife
does not visit our daughter in Seoul.

Living together like this
the two halves complete each other.

●어휘● **completion** 완성 | **drive** 태워다 주다

034

완성

12월

하루 같은 1년

1년 같은 하루, 하루

그처럼 사라진 나

그리고 당신.

•

December

A year that feels like a day.

Days that feel like a year.

Passed like time is me

and you.

●어휘● **pass** (시간이) 지나다

035
·
12월

서양 붓꽃

거짓말인 줄 알면서도
눈물 납니다

꽃이 진다고 세상이
달라질 것도 없는데

가슴이 미어집니다.

●

Iris

Though I know it to be a lie
I tear up.

Though a flower withering
won't change the world one bit

my heart aches.

●어휘● iris 붓꽃 | tear up 눈물이 나다 | wither 시들다 | ache 아프다

036

서양 붓꽃

꽃그늘

아이한테 물었다

이담에 나 죽으면
찾아와 울어줄 거지?

대답 대신 아이는
눈물 고인 두 눈을 보여주었다.

●

Flower Shade

I asked the child,

"When I die
will you come and cry for me?"

Wordlessly the child showed me
his eyes pooled with tears.

●어휘● **wordlessly** 말없이 | **pool** (물이) 고이다 | **tear** 눈물

037
•
꽃그늘

섬

너와 나
손잡고 눈 감고 왔던 길

이미 내 옆에 네가 없으니
어찌할까?

돌아가는 길 몰라 여기
나 혼자 울고만 있네.

●

Island

You and I walked down a path
hand in hand with closed eyes.

Now without you by my side
what shall I do?

Not knowing the way back
here I am alone in tears.

●어휘● **path** 길 | **hand in hand** 서로 손을 잡고 | **side** 옆, 곁

038
섬

눈사람

밤을 새워 누군가 기다리셨군요
기다리다가 기다리다가 그만
새하얀 사람이 되고 말았군요
안쓰러운 마음으로 장갑을 벗고
손을 내밀었을 때
당신에겐 손도 없고
팔도 없었습니다.

●

Snowman

You must've waited up all night,
waiting and waiting for someone
for so long that you turned snowy white.
When I took off my gloves
and reached out my hand,
you had neither hands
nor arms to hold.

●어휘● **snowy white** 눈처럼 새하얀 | **take off** 벗다 | **reach out** (손을) 뻗다 | **neither A nor B** A도 B도 아니다

039

눈사람

이 봄날에

봄날에, 이 봄날에
살아만 있다면
다시 한 번 실연을 당하고
밤을 새워
머리를 벽에 쥐어박으며
운다 해도 나쁘지 않겠다.

●

Spring Day

If I may be alive
on a spring day like this
I would not mind having my heart
broken all over again, crying
as I bang my head against the wall
all night long.

●어휘● **alive** 살아 있는 | **mind** 꺼리다 | **bang** 부딪치다 | **all night long** 밤새도록

040

이 봄날에

어버이날

고마워요
그냥 엄마가 내 엄마인 것이
고마워요

고맙구나
그냥 네가 내 아들인 것이
고맙구나.

●

Parents' Day

Thank you.
I'm just grateful
to have you as my mom.

Thank you.
I'm just grateful
to have you as my son.

●어휘● **grateful** 감사하는

041

어버이날

나의 시에게

한때 나를 살렸던
누군가의 시들처럼

나의 시여, 지금
다른 사람에게로 가서

그 사람도
살려주기를 바란다.

●

To My Poem

Like the poems
that once saved me

may my poems now
reach someone else

and save them too.

●어휘● **poem** 시 | **save** 구하다 | **reach** 도착하다, 닿다

042

나의 시에게

내가 너를

내가 너를
얼마나 좋아하는지
너는 몰라도 된다.

너를 좋아하는 마음은
오로지 나의 것이요,
나의 그리움은
나 혼자만의 것으로도
차고 넘치니까……

나는 이제
너 없이도 너를
좋아할 수 있다.

043
·
내가 너를

I, You

You do not
have to know how much
I love you.

My feelings for you
are mine alone,
as my longing
brims with
all that is mine . . .

I can now
love you even
in your absence.

●어휘● **longing** 갈망, 그리움 | **brim** 넘치다 | **absence** 부재

043

내가 너를

내장산 단풍

내일이면 헤어질 사람과
와서 보시오,

내일이면 잊혀질 사람과
함께 보시오,

왼 산이 통째로 살아서
가쁜 숨 몰아쉬는 모습을.

다 못 타는 이 여자의
슬픔을…….

044

내장산 단풍

Naejangsan Autumn Leaves

Come see

with whom you'll part tomorrow.

Come see

with whom you'll forget tomorrow.

A mountain breathing

heavily, so alive.

The sorrow of this woman

who cannot burn in her entirety . . .

●어휘● **part** 헤어지다 | **breathe** 숨쉬다 | **heavily** 격하게 | **sorrow** 슬픔 | **entirety** 전부

044

내장산 단풍

보고 싶다

보고 싶다,
너를 보고 싶다는 생각이
가슴에 차고 가득 차면 문득
너는 내 앞에 나타나고.
어둠 속에 촛불 켜지듯
너는 내 앞에 나와서 웃고.

보고 싶었다,
너를 보고 싶었다는 말이
입에 차고 가득 차면 문득
너는 나무 아래서 나를 기다린다.
내가 지나는 길목에서
풀잎 되어 햇빛 되어 나를 기다린다.

045

보고 싶다

I Miss You

I miss you—
when this thought
fills and spills over my heart
suddenly you appear before me.
Like a candle lit in the dark
you smile before me.

I missed you—
when these words
fill and spill over my lips
suddenly you await me under a tree.
You become a blade of grass, become sunlight
waiting for me to walk by you.

●어휘● **spill** 넘치다 | **appear** 나타나다 | **light** 불을 붙이다, 밝게 하다 | **blade** (풀의) 잎 | **walk by** 지나가다

045
보고 싶다

기도

내가 외로운 사람이라면
나보다 더 외로운 사람을
생각하게 하여 주옵소서

내가 추운 사람이라면
나보다 더 추운 사람을
생각하게 하여 주옵소서

내가 가난한 사람이라면
나보다 더 가난한 사람을
생각하게 하여 주옵소서

더욱이나 내가 비천한 사람이라면
나보다 더 비천한 사람을
생각하게 하여 주옵소서

그리하여 때때로
스스로 묻고
스스로 대답하게 하여 주옵소서

나는 지금 어디에 와 있는가?
나는 지금 어디로 향해 가고 있는가?
나는 지금 무엇을 보고 있는가?
나는 지금 무엇을 꿈꾸고 있는가?

046
기도

Prayer

If I am lonely
please bring to my mind someone
lonelier than I.

If I am cold
please bring to my mind someone
colder than I.

If I am poor
please bring to my mind someone
poorer than I.

Especially if I am wretched
please bring to my mind someone
more wretched than I.

So that from time to time
I may ask and
answer myself,

Where am I now?
Where am I headed now?
What am I looking at now?
What am I dreaming of now?

●어휘● **wretched** 비참한 | **from time to time** 때때로 | **head** 향하다

046

기도

안개가 짙은들

안개가 짙은들
산까지 지울 수야

어둠이 깊은들
오는 아침까지 막을 수야

안개와 어둠 속을 꿰뚫는
물소리, 새소리,

비바람 설친들
피는 꽃까지 막을 수야.

047

안개가 짙은들

However Thick the Fog

However thick the fog
it cannot erase the mountains.

However deep the dark
it cannot stop the sun from rising.

The dark fog is penetrated by
sounds of water and birdsong.

However stormy the weather
it cannot stop the flowers from blooming.

●어휘● **erase** 지우다 | **penetrate** 관통하다 | **stormy** 폭풍우의

047

안개가 짙은들

쓸쓸한 여름

챙이 넓은 여름 모자 하나
사 주고 싶었는데
그것도 빛깔이 새하얀 걸로 하나
사 주고 싶었는데
올해도 오동꽃은 피었다 지고
개구리 울음소리 땅속으로 다 자지러들고
그대 만나지도 못한 채
또다시 여름은 와서
나만 혼자서 집을 지키고 있소
집을 지키며 앓고 있소.

048
·
쓸쓸한 여름

Lonesome Summer

I wanted to buy for you
a wide-brim summer hat,
one that is white and pristine.
But the paulownias have already come and gone
with frogs now burrowing underground.
Still without you by my side,
summer has returned again this year.
Alone I guard the house.
Alone inside I yearn for you.

●어휘● **wide-brim** 챙이 넓은 | **pristine** 아주 깨끗한 | **paulownia** 오동꽃 | **burrow** 땅속으로 파고들다 | **guard** 지키다 | **yearn** 갈망하다

048
쓸쓸한 여름

통화

자면서도 나는
그대에게 전화를
걸고 있습니다

그대 생각만으로 살았다고
내일도 그대 생각 가득할 것이라고

자면서도 나는
그대로부터 전화를
받고 있습니다.

049

통화

Phone Call

Even as I sleep
I find myself
calling you.

I lived on only thoughts of you.
I'll always be filled with thoughts of you.

Even as I sleep
I find myself
receiving your call.

●어휘● **be filled with** ~으로 가득 차다 | **receive** 받다

049

통화

시 1

마당을 쓸었습니다
지구 한 모퉁이가 깨끗해졌습니다

꽃 한 송이 피었습니다
지구 한 모퉁이가 아름다워졌습니다

마음속에 시 하나 싹텄습니다
지구 한 모퉁이가 밝아졌습니다

나는 지금 그대를 사랑합니다
지구 한 모퉁이가 더욱 깨끗해지고
아름다워졌습니다.

050

시 1

Poetry 1

I swept the yard, and
a corner of earth became clean.

A flower bloomed, and
a corner of earth became beautiful.

A poem sprouted in my heart, and
a corner of earth became bright.

I love you, and
a corner of the earth became much cleaner
and more beautiful.

●어휘● **sweep** 쓸다 | **sprout** 싹이 트다 | **bright** 밝은

050

시 1

시 2

그냥 줍는 것이다

길거리나 사람들 사이에
버려진 채 빛나는
마음의 보석들.

051

시 2

Poetry 2

Simply collecting

what shines abandoned
on streets and among people,
these jewels of the heart.

●어휘● collect 모으다 | shine 빛나다 | abandoned 버려진

051

시 2

차가 식기 전에

차가 식기 전에
하던 말을
마칠 것까지는 없다
하던 생각을
끝낼 필요는 없다
차가 식더라도
하고 싶은 말은
차근차근 하면 되는 일이요
하던 생각은
하나씩 마무리지으면
되는 일이니까.

052

차가 식기 전에

Before the Tea Cools

Before the tea gets cold
there's no need to finish
what you were saying.
There's no need to finish
your thoughts.
Even once the tea cools
you can calmly continue
saying what you want to say
because you can wrap up
your thoughts
one by one.

●어휘●　**calmly** 차분하게　|　**wrap up** 마무리하다

052

차가 식기 전에

그대 떠난 자리에

그대 떠난 자리에 혼자 남아
그대를 지킨다
그대의 자취
그대의 숨결
그대의 추억
그대가 남긴 산을 지키고
그대가 없는 들을 지키고
그대가 바라보던 강물에 하늘에
흰 구름을 지킨다
그러면서 혼자서 변해 간다
나도 모르게 조금씩
그대도 모르게 조금씩.

053

그대 떠난 자리에

The Place You Left Behind

Alone in the place you left

I remain guarding you,

your traces,

your breath,

your memories.

I guard the mountains you left behind.

I guard the fields without you.

I guard the clouds in the sky

and the river you gazed upon.

Only I begin to change.

Unbeknownst to me,

unbeknownst to you.

●어휘● **remain** 남다 | **trace** 흔적 | **gaze** 응시하다 | **unbeknownst** 알지 못하는

053

그대 떠난 자리에

어린아이로

어린아이로 남아 있고 싶다
나이를 먹는 것과는 무관하게
어린아이로 남아 있고 싶다
어린아이의 철없음
어린아이의 설레임
어린아이의 투정
어린아이의 슬픔과 기쁨
그리고 놀라움
끝끝내 그것으로 세상을 보고 싶다
끝끝내 그것으로 세상을 건너가고 싶다
있는 대로 보고 들을 수 있고
듣고 본 대로 느낄 수 있는
그리고 말할 수 있는
어린아이의 가슴과 귀와 눈과
입술이고 싶다.

054

어린아이로

Like a Child

I want to remain a child
despite the passage of time.
I want to remain a child with
childlike immaturity,
childlike excitement,
childlike petulance,
childlike sadness, joy,
and wonder.
I want to see the world like a child to the very end.
I want to traverse the world like a child to the very end.
To see and hear things as they are,
to feel and speak as I see and hear,
I want my heart, ears, eyes,
and lips to resemble those of a child.

●어휘● **despite** ~에도 불구하고 | **passage** 흐름, 경과 | **immaturity** 미성숙 | **petulance** 토라짐, 보챔 | **traverse** 가로지르다 | **resemble** 닮다

054

어린아이로

떠나와서

떠나와서 그리워지는
한 강물이 있습니다
헤어지고 나서 보고파지는
한 사람이 있습니다
미루나무 새 잎새 나와
바람에 손을 흔들던 봄의 강 가
눈물 반짝임으로 저물어가는
여름날 저녁의 물비늘
혹은 겨울 안개 속에 해 떠오르고
서걱대는 갈대숲 기슭에
벗은 발로 헤엄치는 겨울 철새들
헤어지고 나서 보고파지는
한 사람이 있습니다
떠나와서 그리워지는
한 강물이 있습니다.

055

떠나와서

After Leaving

There is a river
I miss after leaving.
There is a person
I miss after parting.
A cottonwood tree sprouted new leaves
and blew in the wind by the river.
Glints of water faded as tears
on summer evenings, and in winter
the sun rose through the fog.
Winter birds swam with bare feet,
rustling reeds at the edge of the marsh.
There is a person
I miss after parting.
There is a river
I miss after leaving.

●어휘● **part** 헤어지다 | **cottonwood** 미루나무 | **sprout** 싹을 트게 하다 |
glint 작은 반짝임 | **rustling** 바스락거리는 | **reed** 갈대 | **marsh** 습지

055

떠나와서

사랑은 혼자서

사랑은 여럿이가 아니라
혼자서 쓸쓸한 생각
저무는 저녁 해
그리고 깜깜한 어둠

사랑은 둘이서가 아니라
혼자서 푸르른 산맥
흐르는 시내
그리고 풀벌레 울음

사랑은 너와 함께가 아니라
혼자서 이루는 약속
머나 먼 내일
그리고 이별과 망각.

056

사랑은 혼자서

Love Alone

Love is not between many people
but in lonely thoughts had alone,
the setting sun,
and the pitch-black dark.

Love is not between two people
but in a mountain range climbed alone,
flowing rivers,
and the chirping of cicadas.

Love is not between you and me
but in promises made alone,
distant tomorrows,
farewells, and oblivion.

●어휘● **set** (해, 달 등이) 지다 | **pitch-black** 칠흑같이 어두운 | **mountain range** 산맥 | **chirp** 짹짹거리다 | **cicada** 매미 | **oblivion** 망각

056
사랑은 혼자서

오늘도 이 자리

오늘도 이 자리
떠나야 할 때가
되었나보다

그대 자꾸만
좋아지니
잊어야 할 때가
되었나보다

마음에 남는
그대 목소리
웃는 입매무새
눈매무새
아리잠직한
걸음걸이

생각이 머물 때
잊어야 할 사람아
좋아질 때
떠나야 하는 사람아.

057

오늘도 이 자리

Today Again This Place

Today again it must be
time for me to leave
this place.

My love for you
continues to grow
and so it must be time
for me to forget.

Etched in me is
your voice,
your smile,
your eyes,
your cute way
of walking.

When my thoughts linger
I must forget you.
When my love grows
I must leave you.

●어휘● etch 뚜렷이 새기다 | linger (예상보다 오래) 남다, 머물다

057

오늘도 이 자리

다리 위에서

너는 바람 속에 피어
웃고 있는 가을꽃

눈을 감아 본다

흐르는 강물은 보이지 않고
키 큰 가로등도 보이지 않고
너의 맑은 이마도 보이지 않는다

그러나 여전히
강물은 흐르고
가로등 불빛은 밝고
너의 이마 또한 내 앞에 있었으리라

눈을 떠본다

너는 새로 돋아나기 시작하는
초저녁 밤별.

058

다리 위에서

On the Bridge

You are an autumn flower
smiling, blooming in the wind.

I close my eyes.

I see not the flowing river
nor the tall streetlights
nor your fine forehead.

Yet still
the river must be flowing,
the streetlights must be shining bright,
and your forehead must be close to mine.

I open my eyes.

You are a newly budding
night star of early eve.

●어휘● **must be** ~임에 틀림없다, 그럴 것이다 | **forehead** 이마 | **budding** 싹 이 트는

058

다리 위에서

유리창

이제
떠나갈 것은 떠나게 하고
남을 것은 남게 하자

혼자서 맞이하는 저녁과
혼자서 바라보는 들판을
두려워하지 말자

아, 그렇다
할 수만 있다면
나뭇잎 떨어진 빈 나뭇가지에
까마귀 한 마리라도 불러
가슴속에 기르자

이제
지나온 그림자를 지우지 못해 안달하지도 말고
다가올 날의 해짧음을 아쉬워하지도 말자.

059
유리창

Glass Window

Now
let us allow the leavers to leave
and let the remaining to remain.

Let us not fear
evenings to spend alone
nor fields to watch alone.

Ah, yes—
if possible
let us call a crow
to a bare branch without leaves
and nurture it in our hearts.

Now
let us not fret over past shadows we cannot erase
nor lament the brevity of our days to come.

●어휘● **crow** 까마귀 | **bare** 벌거벗은, 텅 빈 | **nurture** 양육하다 | **fret** 초조해하다 | **lament** 슬퍼하다, 한탄하다 | **brevity** 짧음, 덧없음

059

유리창

유월에

말없이 바라
보아주시는 것만으로도 나는
행복합니다

때때로 옆에 와
서 주시는 것만으로도 나는
따뜻합니다

산에 들에 하이얀 무찔레꽃
울타리에 덩굴장미
어우러져 피어나는 유월에

그대 눈길에
스치는 것만으로도 나는
황홀합니다

그대 생각 가슴속에
안개 되어 피어오름만으로도
나는 이렇게 가득합니다.

060
유월에

In June

You quietly
watching over me
fills me with joy.

You simply
standing by my side
fills me with warmth.

In June, when white wild roses in fields and mountains
and climbing roses on the fences
blossom in harmony,

even the briefest glance
from you
fills me with rapture.

Thoughts of you
rising like mist in my heart
fills me complete.

●어휘● **warmth** 따뜻함 | **in harmony** 어우러져 | **the briefest glance** 아주 짧은 눈길 | **rapture** 황홀 | **mist** 안개

060

유월에

하오의 한 시간

바람을 안고 올랐다가
해를 안고 돌아오는 길

검정염소가
아무보고나
알은 체 운다

같이 가요
우리 같이 가요

지는 햇빛이
눈에 부시다.

061
하오의 한 시간

Afternoon Hour

After I ascended with the wind in my arms
and returned with the sun in my arms,

a black goat along the way
bleated
as if in recognition.

Shall we go together?
Let us go together.

The setting sun
glistened bright.

● 어휘 ● **ascend** 오르다 | **bleat** (양이나 염소가) 매 울다 | **as if** 마치 ~인 것처럼 | **recognition** 알아봄, 인식 | **glisten** 반짝이다

061

하오의 한 시간

바람에게 묻는다

바람에게 묻는다
지금 그곳에는 여전히
꽃이 피었던가 달이 떴던가

바람에게 듣는다
내 그리운 사람 못 잊을 사람
아직도 나를 기다려
그곳에서 서성이고 있던가

내게 불러줬던 노래
아직도 혼자 부르며
울고 있던가.

062

바람에게 묻는다

I Ask the Wind

I ask the wind,
do the flowers still bloom,
does the moon still rise there?

I hear the wind say,
my unforgettable beloved,
are you still wandering,
waiting for me there?

Do you still sing
the song you sang to me
alone in tears?

●어휘● **unforgettable** 잊을 수 없는 | **beloved** 사랑하는 사람 | **wander** 헤매다

062

바람에게 묻는다

기쁨

난초 화분의 휘어진
이파리 하나가
허공에 몸을 기댄다

허공도 따라서 휘어지면서
난초 이파리를 살그머니
보듬어 안는다

그들 사이에 사람인 내가 모르는
잔잔한 기쁨의
강물이 흐른다.

063
·
기쁨

Joy

A bent leaf
in an orchid pot
leans against the air.

The air bends along,
gently cradling
the orchid leaf.

Between them flows
a tranquil joy
unknown to my human self.

●어휘● **bent** 휘어진 | **orchid** 난초 | **lean against** ~에 기대다 | **cradle** 부드럽게 안다 | **tranquil** 고요한

063

기쁨

촉

무심히 지나치는
골목길

두껍고 단단한
아스팔트 각질을 비집고
솟아오르는
새싹의 촉을 본다

얼랄라
저 여리고
부드러운 것이!

한 개의 촉 끝에
지구를 들어올리는
힘이 숨어 있다.

064
축

Tip

Walking past
an alley

I see tender sprouts
pushing
through thick
calluses of pavement.

Oh my,
how tender
and soft they are!

Hidden in each tip
is the strength
to lift the earth.

●어휘● **alley** 골목 | **tender** 부드러운 | **callus** 굳은살 | **pavement** 포장도로

064
・
촉

한밤중에

한밤중에
까닭없이
잠이 깨었다

우연히 방안의
화분에 눈길이 갔다

바짝 말라 있는 화분

어, 너였구나
네가 목이 말라 나를
깨웠구나.

065
한밤중에

In the Middle of the Night

I woke up
for no reason
in the middle of the night.

My eyes happened to fall
on the potted plant in my room,

wilted and dried up.

Oh, it was you—
your thirst must've
stirred me awake.

●어휘● **happen to** 우연히 ~하다 | **wilted** 시든 | **stir** 움직이게 하다

065
한밤중에

눈부신 세상

멀리서 보면 때로 세상은
조그맣고 사랑스럽다
따뜻하기까지 하다
나는 손을 들어
세상의 머리를 쓰다듬어준다
자다가 깨어난 아이처럼
세상은 배시시 눈을 뜨고
나를 향해 웃음 지어 보인다

세상도 눈이 부신가 보다.

066

눈부신 세상

The Dazzling World

From a distance the world may
look small and lovely,
even warm.
I raise my hand
to gently stroke the world's head.
Like a child waking from sleep
the world blinks its eyes open
and smiles at me.

Even the world must be dazzled by life.

●어휘● **stroke** 쓰다듬다 | **blink** 눈을 깜빡이다 | **dazzle** 눈부시게 하다

066
눈부신 세상

외롭다고 생각할 때일수록

외롭다고 생각할 때일수록
혼자이기를,

말하고 싶은 말이 많은 때일수록
말을 삼가기를,

울고 싶은 생각이 깊을수록
울음을 안으로 곱게 삭이기를,

꿈꾸고 꿈꾸노니—

많은 사람들로부터 빠져나와
키 큰 미루나무 옆에 서 보고
혼자 고개 숙여 산길을 걷게 하소서.

067

외롭다고 생각할 때일수록

The Lonelier You Feel

The lonelier you feel,
embrace solitude.

The more you have to say,
hold your tongue.

The stronger your urge to cry,
gently hold back your tears.

Dreaming and dreaming—

Step away from the crowds
to stand beside the tall chestnut tree,
bow your head, and walk alone in the mountain.

●어휘● **embrace** 받아들이다 | **solitude** 고독 | **urge** 충동, 욕구 |
hold back 억누르다 | **chestnut tree** 밤나무 | **bow** 숙이다

067

외롭다고 생각할 때일수록

태백선

두고 온 것 없지만 무언가
두고 온 느낌
잃은 것 없지만 무언가
잃은 것 같은 느낌

두고 왔다면 마음을
두고 왔겠고
잃었다면 또한
마음을 잃었겠지

푸른 산 돌고 돌아
아스라이 높은 산
조팝나무꽃 이팝나무꽃
소복으로 피어서 흐느끼는
골짜기 골짜기

기다려줄 사람 이미 없으니
이 길도 이제는
다시 올 일 없겠다

068
태백선

Taebaek Line

Feeling as though I've left something behind
without having done so.
Feeling as though I've lost something
without having done so.

If I left something behind it must be
my heart.
If I lost something it must be
my heart.

The path circles the green mountains
into its distant peak with
meadowsweets and fringetrees
donning white to weep
in the valley.

Without anyone left to wait for me
this path too
will never see me again.

●어휘● **peak** 꼭대기 | **meadowsweet** 조팝나무 | **fringetree** 이팝나무 | **don** 입다 | **weep** 울다

068

태백선

별리

우리 다시는 만나지 못하리

그대 꽃이 되고 풀이 되고
나무가 되어
내 앞에 있는다 해도 차마
그대 눈치채지 못하고

나 또한 구름 되고 바람 되고
천둥이 되어
그대 옆을 흐른다 해도 차마
나 알아보지 못하고

눈물은 번져
조그만 새암을 만든다
지구라는 별에서의
마지막 만남과 헤어짐

우리 다시 사람으로는 만나지 못하리.

069

별리

Valediction

We will never meet again.

Even if you stand before me
as a flower, as grass,
as a tree
I will not notice you.

Even if I flow before you
as a cloud, as wind,
as thunder
you will not recognize me.

Tears overflow,
forming tiny streams.
We meet and part for the last time
on this planet called Earth.

As humans we will never meet again.

●어휘● **valediction** 작별 | **overflow** 넘쳐흐르다 | **stream** 개울, 시내

069

별리

나의 사랑은 가짜였다

말로는 그랬다
사랑은 지는 것이라고
지고서도 마음 편한 것이라고

그러나 정말로 지고서도
편안한 마음이 있었을까?

말로는 그랬다
사랑은 버리는 것이라고
버리고서도 행복해하는 마음이라고

그러나 정말 버리고서도
행복한 마음이 있었을까?

070

나의 사랑은 가짜였다

My Love Was False

It was said that
love is about losing and
feeling peaceful after losing,

but can anyone really feel
peaceful after losing?

It was said that
love is about leaving and
feeling happy after leaving,

but can anyone really feel
happy after leaving?

●어휘● **peaceful** 평화로운

070

나의 사랑은 가짜였다

가을, 마티재

산 너머, 산 너머란 말 속에는
그리움이 살고 있다
그 그리움을 따라가다 보면
아리따운 사람, 고운 마을도
만날 수 있을 것만 같다

강 건너, 강 건너란 말 속에는
아름다움이 살고 있다
그 아름다움을 따라 나서면
어여쁜 꽃, 유순한 웃음의 사람도
만날 수 있을 것만 같다

살기 힘들어 가슴 답답한 날
다리 팍팍한 날은 부디
산 너머, 산 너머란 말을 외우자
강 건너, 강 건너란 말도 외우자

그리고서도 안 되거든
눈물이 날 때까지 흰 구름을
오래도록 우러러보자.

071

가을, 마티재

Autumn, Mountain Pass

In the words *beyond the mountains*
there lies longing.
If we follow that longing
we might encounter
beautiful people and their villages.

In the words *across the river*
there lies beauty.
If we follow that beauty
we might meet
pretty flowers and gentle smiles.

On days our hearts feel heavy,
on days our legs feel stiff,
let us say *beyond the mountains*,
let us say *across the river*.

And if that is not enough
let us gaze at the white clouds
for a long time until tears fall.

●어휘● **encounter** 마주치다 | **stiff** 뻣뻣한

071

가을, 마티재

아내

새각시
새각시 때
당신에게서는
이름 모를
풀꽃 향기가
번지곤 했습니다
그럴 때마다 나는
당신도 모르게
눈을 감곤 했지요

그건 아직도
그렇습니다.

072

아내

Wife

As
newlyweds
the scent
of wildflowers
whose name I did not know
wafted from you often.
Unbeknownst to you
I closed my eyes
every time.

I do it
even now.

●어휘● **newlyweds** 신혼부부 | **scent** 향기 | **waft** 퍼지다, 떠돌다 | **unbeknownst** 알려지지 않은

072

아내

꽃잎

활짝 핀 꽃나무 아래서
우리는 만나서 웃었다

눈이 꽃잎이었고
이마가 꽃잎이었고
입술이 꽃잎이었다

우리는 술을 마셨다
눈물을 글썽이기도 했다

사진을 찍고
그 날 그렇게 우리는
헤어졌다

돌아와 사진을 빼보니
꽃잎만 찍혀 있었다.

073

꽃잎

Petals

Under a flowering tree
we met and laughed.

Our eyes were petals.
Our foreheads were petals.
Our lips were petals.

We had some drinks
and even grew teary-eyed.

We took a photo
before parting
that day.

When I pulled out the photo
all I could see were petals.

●어휘● **petal** 꽃잎 | **have a drink** 술을 마시다 | **teary-eyed** 눈물이 글썽거리는

073
•
꽃잎

선물 1

하늘 아래 내가 받은
가장 커다란 선물은
오늘입니다

오늘 받은 선물 가운데서도
가장 아름다운 선물은
당신입니다

당신 나지막한 목소리와
웃는 얼굴, 콧노래 한 구절이면
한 아름 바다를 안은 듯한 기쁨이겠습니다.

074

선물 1

Gift 1

Beneath our sky
the greatest gift I've ever received
is today.

Among the gifts I received today
the most beautiful gift
is you.

Hearing your soft voice,
your laughter, and a bit of your humming
fills me with joy like embracing a vast ocean.

●어휘● **laughter** 웃음 | **humming** 콧노래 | **vast** 거대한

074

선물 1

시간

누군가 한 사람 창가에 앉아
울먹이고 있다
햇빛이 스러지기 전에 떠나야 한다고
한 번 가선 돌아올 수 없는 길을
가야만 한다고
그 곳은 아주 먼곳이라고
조그만 소리로 속삭이고 있다
잠시만 더 나와 함께 여기
머물다 갈 수는 없나요?
손이라도 잡아주고 싶어 손을 내밀었을 때
이미 그의 손은 보이지 않았다.

075

시간

Time

Someone sits by the window
on the verge of tears.
"I must leave before dusk
for a place far, far away
and embark on a journey
from which I cannot return,"
he whispers slowly.
"Could you stay here with me
just a little longer before you go?"
By the time I offered my hand
I could no longer see his hand.

●어휘● **on the verge of ~** 막 ~하려고 하는, ~의 직전에 | **dusk** 황혼, 해 질 녘 | **embark on** ~을 시작하다 | **whisper** 속삭이다 | **offer** 내밀다, 제안하다

075

시간

멀리서 빈다

어딘가 내가 모르는 곳에
보이지 않는 꽃처럼 웃고 있는
너 한 사람으로 하여 세상은
다시 한 번 눈부신 아침이 되고

어딘가 네가 모르는 곳에
보이지 않는 풀잎처럼 숨 쉬고 있는
나 한 사람으로 하여 세상은
다시 한 번 고요한 저녁이 온다

가을이다, 부디 아프지 마라.

076

멀리서 빈다

From Afar

Somewhere unknown to me
you smile like a flower unseen, and
the world offers a dazzling morning
once again thanks to you.

Somewhere unknown to you
I breathe like a leaf unseen, and
the world offers a peaceful evening
once again thanks to me.

It is autumn. Please be well.

●어휘● **dazzling** 눈부신 | **breathe** 숨쉬다

076

멀리서 빈다

별 1

너무 일찍 왔거나 너무 늦게 왔거나
둘 중에 하나다
너무 빨리 떠났거나 너무 오래 남았거나
또 그 둘 중에 하나다

누군가 서둘러 떠나간 뒤
오래 남아 빛나는 반짝임이다

손이 시려 손조차 맞잡아 줄 수가 없는
애달픔
너무 멀다 너무 짧다
아무리 손을 뻗쳐도 잡히지 않는다

오래오래 살면서 부디 나
잊지 말아다오.

077

별 1

Star 1

Arrive too early or far too late,
it's one or the other.
Depart too soon or stay too long,
again, it's one or the other.

A hurried departure leaves
a lasting sparkle behind.

My heart breaks
that my hands are too cold to hold yours.
With you so distant and my arms too short
I cannot reach you however far I extend my hand.

Please live on for a long, long time
and remember me so.

●어휘● **depart** 떠나다 | **sparkle** 반짝임 | **distant** 먼 | **extend** 뻗다, 내밀다

077

별1

개양귀비

생각은 언제나 빠르고
각성은 언제나 느려

그렇게 하루나 이틀
가슴에 핏물이 고여

흔들리는 마음 자주
너에게 들키고

너에게로 향하는 눈빛 자주
사람들한테도 들킨다.

078

개양귀비

Field Poppy

Thoughts are always quick,
realizations are always slow.

And so for a day or two
blood pools in my heart.

Often you catch me
changing my mind.

Often others catch me
looking your way.

●어휘● **field poppy** 개양귀비 | **realization** 깨달음 | **pool** 고이다

078
개양귀비

첫눈

요즘 며칠 너 보지 못해
목이 말랐다

어제 밤에도 깜깜한 밤
보고 싶은 마음에
더욱 깜깜한 마음이었다

몇날 며칠 보고 싶어
목이 말랐던 마음
깜깜한 마음이
눈이 되어 내렸다

네 하얀 마음이 나를
감싸 안았다.

079

첫눈

First Snow

In recent days I have been
parched by your absence.

Yesterday, another dark night,
my longing deepened
in the pitch dark of night.

My longing for you
left me parched,
only to turn to snow
and descend upon me.

The purity of your heart
embraced me.

●어휘● **parched** 목마른 | **deepen** 깊어지다 | **pitch dark** 칠흑같이 어두운 | **descend** 내려오다 | **purity** 순수함 | **embrace** 포옹하다

079
첫눈

혼자 있는 날

아침에도 너를 생각하고
저녁에도 너를 생각하고
한낮에도 너를 생각한다

보이는 것마다 너의 모습
들리는 것마다 너의 목소리

너, 지금
어디 있느냐?

080

혼자 있는 날

Day Alone

I think of you in the morning.
I think of you in the evening.
I think of you even at midday.

Everything I see reminds me of you.
Everything I hear reminds me of your voice.

Where are you
now?

●어휘● **midday** 정오, 한낮 | **remind** 상기시키다

080

혼자 있는 날

멀리

내가 한숨 쉬고 있을 때
저도 한숨 쉬고 있으리
꽃을 보며 생각한다

내가 울고 있을 때
저도 울고 있으리
달을 보며 생각한다

내가 그리운 마음일 때
저도 그리운 마음이리
별을 보며 생각한다

너는 지금 거기
나는 지금 여기.

081
·
멀리

Far

When I sigh
you might be sighing too,
I think as I look at the flowers.

When I cry
you might be crying too,
I think as I look at the moon.

When I miss you
you might be missing me too,
I think as I look at the stars.

You are there.
I am here.

●어휘● **sigh** 한숨 쉬다

081
·
멀리

강아지풀에게 인사

혼자 노는 날

강아지풀한테 가 인사를 한다
안녕!

강아지풀이 사르르
꼬리를 흔든다

너도 혼자서 노는 거니?

다시 사르르
꼬리를 흔든다.

082

강아지풀에게 인사

Hello Green Foxtails

On days spent alone

I greet the green foxtails.
Hello!

They sway gently,
wagging their tails.

Are you also playing on your own?

Again they sway gently,
wagging their tails.

●어휘● **greet** 인사하다 | **green foxtail** 강아지풀 | **sway** 흔들다 | **wag** 흔들다

082

강아지풀에게 인사

꽃잎

천사들이 신었던
신발이 흩어져 있네

미끄럼틀 아래
그네 아래 그리고
꽃나무 아래

무슨 급한 일이 있어
천사들은 신발을 벗어둔 채
하늘나라로 돌아간 것일까?

083

꽃잎

Petals

Angels left
their shoes scattered

beneath the slide,
beneath the swing,
beneath the flower tree.

For what urgent matter
did the angels return to heaven
without their shoes?

●어휘● **scattered** 흩어져 있는 | **urgent** 급한

083

꽃잎

초라한 고백

내가 가진 것을 주었을 때
사람들은 좋아한다

여러 개 가운데 하나를
주었을 때보다
하나 가운데 하나를 주었을 때
더욱 좋아한다

오늘 내가 너에게 주는 마음은
그 하나 가운데 오직 하나
부디 아무 데나 함부로
버리지는 말아다오.

084
초라한 고백

Pitiful Confession

People like it
when I give what I have.

Rather than giving
one out of many
they like it even more
when I give one of one.

My heart I give you today
is just one of one.
Please don't throw it away
just anywhere.

●어휘● pitiful 불쌍한 | confession 고백 | rather 오히려 | throw away 버리다

084

초라한 고백

꽃 1

다시 한 번만 사랑하고
다시 한 번만 죄를 짓고
다시 한 번만 용서를 받자

그래서 봄이다.

085

꽃 1

Flower 1

Let us love just once more.
Let us sin just once more.
Let us seek forgiveness just once more.

And so it is spring.

●어휘● **sin** 죄를 짓다 | **seek** 추구하다, 구하다 | **forgiveness** 용서

085

꽃 1

꽃 2

예쁘다는 말을
가볍게 삼켰다

안쓰럽다는 말을
꿀꺽 삼켰다

사랑한다는 말을
어렵게 삼켰다

섭섭하다, 안타깝다,
답답하다는 말을 또 여러 번
목구멍으로 넘겼다

그리고서 그는 스스로 꽃이 되기로 작정했다.

086

꽃 2

Flower 2

He casually swallowed
the word *beautiful*.

He gulped down
the word *pitiful*.

He struggled to swallow
the word *love*.

Words like *disappointed, regretful,*
and *frustrated*
he swallowed again and again.

Then he resolved to become a flower himself.

●어휘● **casually** 무심코 | **swallow** 삼키다 | **gulp down** 꿀꺽 삼키다 |
struggle 애쓰다 | **resolve** 결심하다

086

꽃 2

사랑이 올 때

가까이 있을 때보다
멀리 있을 때
자주 그의 눈빛을 느끼고

아주 멀리 헤어져 있을 때
그의 숨소리까지 듣게 된다면
분명히 당신은 그를
사랑하기 시작한 것이다

의심하지 말아라
부끄러워 숨기지 말아라
사랑은 바로 그렇게 오는 것이다

고개 돌리고
눈을 감았음에도 불구하고.

087

사랑이 올 때

When Love Arrives

If you feel his gaze
more often when you are far away
than when you are close by,

if you hear his breaths
even when you are far, far apart
you have certainly
begun to love him.

Do not doubt it.
Do not hide out of embarrassment.
This is how love arrives,

even with your back turned
and eyes shut close.

●어휘● **breath** 숨결 | **far apart** 멀리 떨어져서 | **certainly** 분명히 | **doubt** 의심하다 | **out of embarrassment** 부끄러워서

087

사랑이 올 때

맑은 날

오늘 날이 맑아서
네가 올 줄 알았다
어려서 외갓집에 찾아가면
외할머니 오두막집 문 열고
나오시면서 하시던 말씀

오늘은 멀리서 찾아온
젊고도 어여쁜 너에게
되풀이 그 말을 들려준다
오늘 날이 맑아서
네가 올 줄 알았다.

088
맑은 날

Clear Sky

The sky is clear today,
so I knew you'd come,
said my grandmother,
opening the door to her home
whenever I visited as a child.

I repeat those words today
to you, young and beautiful,
who have traveled far:
The sky is clear today,
so I knew you'd come.

●어휘● **repeat** 반복하다 | **travel** 이동하다

088

맑은 날

끝끝내

너의 얼굴 바라봄이 반가움이다
너의 목소리 들음이 고마움이다
너의 눈빛 스침이 끝내 기쁨이다

끝끝내

너의 숨소리 듣고 네 옆에
내가 있음이 그냥 행복이다
이 세상 네가 살아있음이
나의 살아있음이고 존재이유다.

089
끝끝내

To the Very End

Seeing your face brings me joy.
Hearing your voice fills me with gratitude.
Feeling your glance cheers me up.

To the very end

hearing you breathe beside me
will give pure happiness.
Your existence is my reason
and purpose for living.

●어휘● **gratitude** 감사 | **glance** 잠깐의 눈길 | **to the very end** 끝까지 | **existence** 존재 | **purpose** 목적

089

끝끝내

우리들의 푸른 지구 1

내가 너를 생각하는 동안만
지구는 건강하게 푸르다

내가 너를 사랑하는 동안만
우주는 편안하게 미소 짓는다

오늘 비록 멀리 있어도 우리는
결코 멀리 있는 것이 아니다

푸르고 건강한 지구
그 숨결 안에서 우리들 또한 푸르다.

090

우리들의 푸른 지구 1

Our Green Planet 1

Only when you're in my thoughts
our planet grows green.

Only when you're in my heart
the universe smiles serene.

Though today we may be apart
we are never far apart.

Our healthy green planet,
its air glows us green.

●어휘● universe 우주 | serene 평온한

090

우리들의 푸른 지구 1

네 앞에서

너는 내 앞에 있을 때가
제일로 예쁘다

내가 너를 사랑한다는 것을
네도 이미 알고 있기 때문

내 앞에서는 별이 되고
꽃이 되고 새가 되기도 하는 너

나도 네 앞에서는
길고 긴 강물이 되기도 한다.

091

네 앞에서

Standing Before You

You are the most beautiful
standing before me

because you already know
I love you.

Standing before me you become
a star, a flower, even a bird.

Standing before you I become
a long, winding river.

●어휘● **already** 이미 | **winding** 구불구불한

091

네 앞에서

두 개의 지구

네 앞에서 오늘 나는
새롭게 태어나는 지구

내 앞에서 너도 오늘
새롭게 태어나는 지구

귀 기울여 듣지 않아도
들린다

두 개의 지구가 마주
숨을 쉬는 소리

너의 귀에만 들리고
나의 귀에만 들리는 소리.

092

두 개의 지구

Two Earths

Before you today I am
a newly born earth.

Before me today you too
are a newly born earth.

Even without leaning close
we can hear it:

two earths breathing
across from one another,

a sound only audible to
your ears and mine.

●어휘● **lean close** 가까이 기울이다 | **across from** ~의 맞은편에 | **audible** 들리는

092

두 개의 지구

꽃필 날

내게도
꽃필 날 있을까?
그렇게 묻지 마라

언제든
꽃은 핀다

문제는
가슴의 뜨거움이고
그리움, 기다림이다.

093

꽃필 날

Day of Bloom

Don't you worry
whether you'll ever
bloom like a flower.

Flowers can bloom
at any time.

What matters is
your passion,
pining, and patience.

●어휘● **Don't you worry.** 걱정하지 마. (Don't worry의 강조) | **matter** 중요하다 |
passion 열정 | **pine** 애타게 그리워하다 | **patience** 인내

093
꽃필 날

봄비

사랑이 찾아올 때는
엎드려 울고

사랑이 떠나갈 때는
선 채로 울자

그리하여 너도 씨앗이 되고
나도 씨앗이 되자

끝내는 우리가 울울창창
서로의 그늘이 되자.

094

봄비

Spring Rain

When love comes
let us cry face down.

When love leaves
let us cry on our feet.

So you become a seed
and I too become a seed.

Let us provide for one another
thick shade from the sun.

●어휘● **face down** 엎드려서 | **on one's feet** 일어서서 | **seed** 씨앗 | **thick shade** 짙은 그늘

094
봄비

작은 마음

너 지금 어디쯤 가고 있니?
너 지금 누구하고 있니?
너 지금 무엇 하고 있니?

너 지금 어디서 누구하고
무엇을 하든지 네가
너이기 바란다
너처럼 말하고 너처럼 웃고
너를 좋아하는 사람들이랑
너처럼 잘 살기 바란다

이것이 나의 뜻
너를 사랑하는 나의
작은 마음이란다.

095

작은 마음

Humble Wish

Where are you headed now?
Who are you with now?
What are you doing now?

Wherever you are, doing whatever
with whomever, I hope
you are yourself.
I hope you live well as yourself
with people who speak like you,
laugh like you, and love you.

Such is my wish,
my humble wish
born out of love for you.

●어휘● **head** 향하다 | **humble** 겸손한

095

작은 마음

여행길

떨치고
떠날 수 있음에 감사

무사히
돌아올 수 있음에 더욱 감사

조금만 더 보자
낯선 땅의 산과 들과 꽃들

조금만 더 듣자
낯선 땅의 물소리와 새소리.

096

여행길

Journey

Grateful for the chance
to leave everything behind.

Even more grateful
for a safe return.

Let us see a little more
of the mountains, fields, and flowers in foreign
lands.

Let us hear a little more
of the water and birds in foreign lands.

●어휘● **journey** 여정 | **grateful** 감사하는 | **foreign** 외국의

096

여행길

먼 길

함께 가자
먼 길

너와 함께라면
멀어도 가깝고

아름답지 않아도
아름다운 길

나도 그 길 위에서
나무가 되고

너를 위해 착한
바람이 되고 싶다.

097

먼 길

Far Away

Let's go together
far, far away.

With you by my side
a faraway place feels near.

Even a simple path
becomes beautiful.

I want to become
a tree on that path,

a loving breeze
for you.

●어휘● **simple** 단순한, 소박한 | **breeze** 산들바람

097
·
먼 길

허둥대는 마음

네가 온다고 그러면
허둥대
왜 안 오지?
왜 안 오는 거지?
문밖으로 나갔다가
돌아왔다가 몇 번을
그렇게 해

네가 와 있는 시간 잠시
마음 편안해지다가
다시 허둥대기 시작해
왜 안 가지? 언제쯤 갈 건데?
아니 언제쯤 다시
만날 수 있을 건데?

언제나 네 앞에서는
허둥대는 마음
나도 모르겠어.

098

허둥대는 마음

Flustered

Before you arrive
I get flustered.
Why aren't you here yet?
Why aren't you coming?
I keep going in and
out the door
to check.

In your brief presence
my heart finds peace
but then gets flustered again.
Why are you still here? When will you leave?
I mean, when will we
meet again?

I always feel flustered
in front of you, and
I don't even know why.

●어휘● **flustered** 허둥대는, 당황한 | **brief** 짧은 | **presence** 존재, 있음

098
허둥대는 마음

여행자에게

풍경이 너무 맘에 들어도
풍경이 되려고 하지는 말아라

풍경이 되는 순간
그리움을 잃고 사랑을 잃고
그대 자신마저도 잃을 것이다

다만 멀리서 지금처럼
그리워하기만 하라.

099

여행자에게

Dear Traveler

Even if you admire the scenery
do not try to become the scenery.

The moment you become the scenery
you will lose longing, love,
and even yourself.

Just continue as you do now
longing from afar.

●어휘● **admire** 감탄하다 | **scenery** 풍경 | **afar** 멀리서

099

여행자에게

어리신 어머니

어머니 돌아가시면 가슴속에
또 다른 어머니가 태어납니다

상가에 와서 어떤 시인이
위로해주고 간 말이다

어머니, 어머니, 살아계실 때
잘해드리지 못해 죄송해요

부디 제 마음속에 다시 태어나
어리신 어머니로 자라주세요

저와 함께 웃고 얘기하고
먼 나라 여행도 다니고 그래 주세요.

100

어리신 어머니

My Mother Reborn

"When your mother passes away,
another mother is born in your heart."

A poet came to our house of mourning
and comforted me so.

Mother, Mother, I'm sorry
I couldn't do more for you in life.

Please be born again in my heart
and live on as my dear mother.

Let us laugh, talk, and
travel to distant lands together.

●어휘● **pass away** 죽다 | **house of mourning** 상갓집 | **comfort** 위로하다 |
do more for (someone) 더 잘해 주다 | **in life** 생전에

100

어리신 어머니